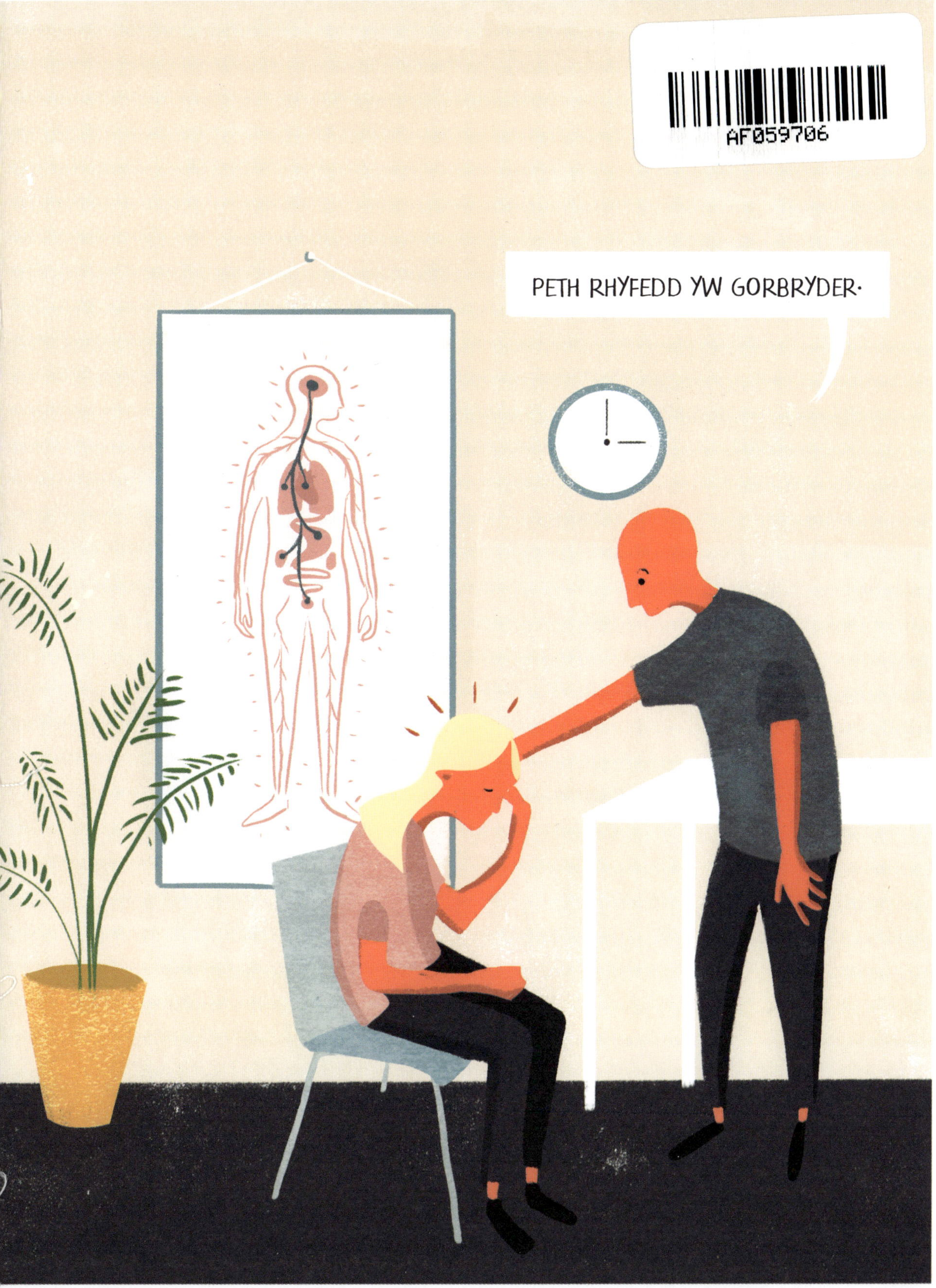

'Fel y rhan fwyaf sy'n byw gyda gorbryder, dydy fy un i ddim yn rhesymegol. Gallwn fod yng nghwmni llofrudd heb deimlo'n ofnus, ond wedyn, wrth fynd â'r cŵn am dro, gael fy llethu'n llwyr gan yr arswyd y byddan nhw'n rhedeg i'r ffordd' (Jon Ronson (2011), awdur The Psychopath Test, ar natur ryfedd gorbryder).

Yn ôl gwefan Canopi, gwasanaeth cefnogi iechyd meddwl i staff y GIG a gweithwyr gofal cymdeithasol yng Nghymru, mae gan fwy nag un ym mhob 20 ohonon ni anhwylder gorbryder. https://canopi.nhs.wales/5-things-you-may-not-know-about-anxiety.

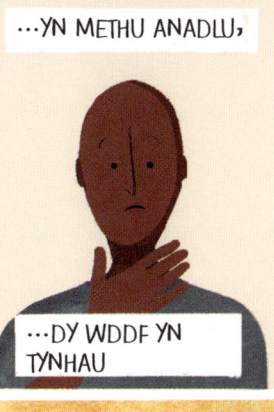

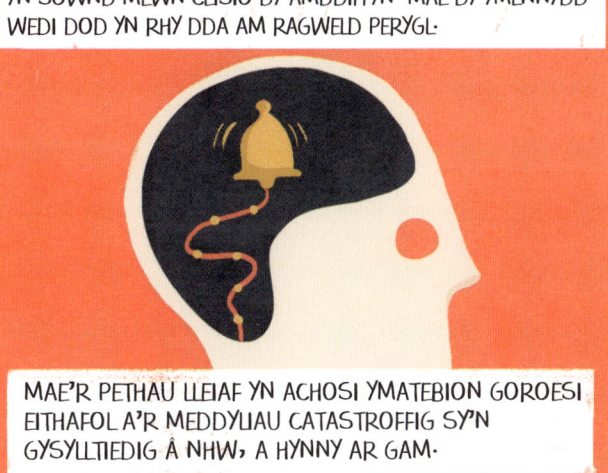

Mae pobl yn defnyddio'r ymadrodd "pwl o banig" yn llac iawn, ond rwy'n amau a w'r rhan fwyaf ohonyn nhw'n dealt y cyflwr go iawn. Mae pob anadl yn llafurus. ydych chi'n marw. Rydych chi'n mynd i farw. Mae'n arswydus. A phan mae'r pwl rosodd, mae'r iselder yn dal i fod yno' (y ddigrifwraig Sarah Silverman, 2015).

Mae gorbryder 'yn adwaith naturiol i deimlo bygythiad ac yn amlygu'i hun mewn ymwybyddiaeth (e.e. meddyliau'n rasio), ffisioleg (e.e. cynnwrf anfwriadol), ac ymddygiad (e.e. ffoi).' Yn aml, mae pobl 'ag anhwylderau gorbryder yn dychryn heb angen. Mae hyn yn achosi gofid sylweddol a nam ar y gallu i weithredu' (Blakey ac Abramowitz 2016).

MAE'N ANODD GWYBOD PAM MAE RHAI'N PROFI GORBRYDER AC ERAILL DDIM, OND MAE YMCHWILWYR WEDI NODI RHAI ACHOSION POSIBL.

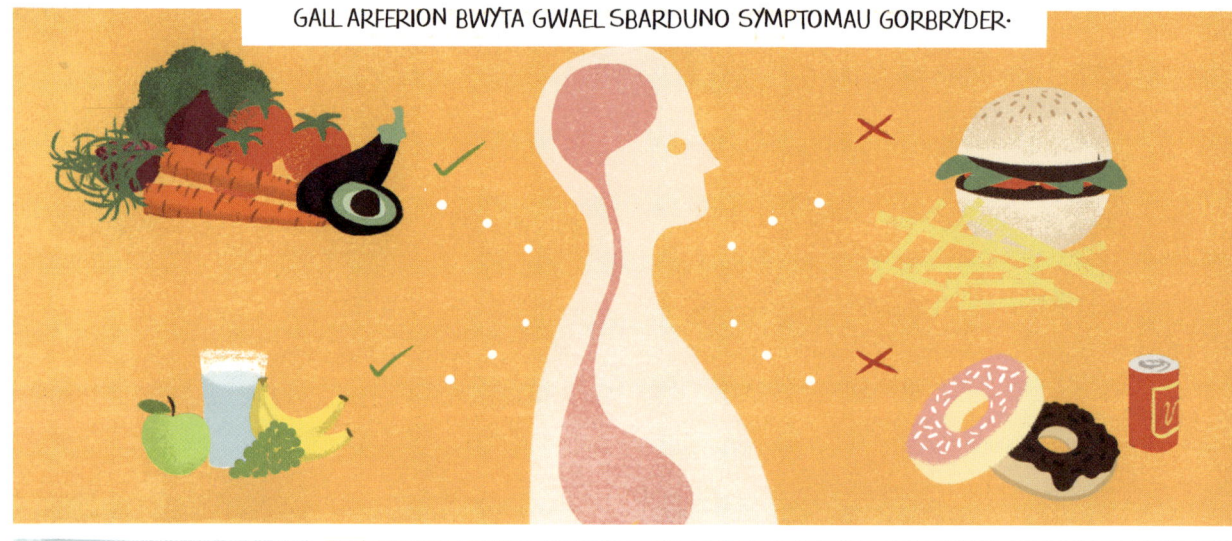

GALL ARFERION BWYTA GWAEL SBARDUNO SYMPTOMAU GORBRYDER.

CYFFURIAU CYFLYMU YW CAFFEIN A SIWGR. MEDDYLIA AM YFED GORMOD O ESPRESSO NEU DEIMLO'N GRYNEDIG AR ÔL GORMODEDD O SIWGR.

MAE IECHYD CORFFOROL BREGUS A BYW GYDA PHOEN YN GYSYLLTIEDIG Â LEFELAU UWCH O ORBRYDER.

PAID Â DISGYN I'R FAGL O GREDU MAI DIM OND YN DY FEDDWL MAE GORBRYDER.

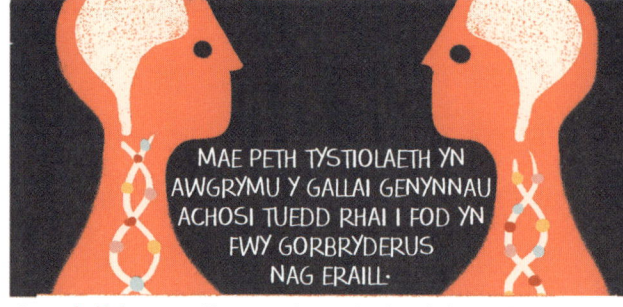

MAE PETH TYSTIOLAETH YN AWGRYMU Y GALLAI GENYNNAU ACHOSI TUEDD RHAI I FOD YN FWY GORBRYDERUS NAG ERAILL.

Sail yr adran hon ar achosion gorbryder yw taflen yr elusen Mind am orbryder a phyliau o banig. Mae Mind yn elusen ragorol sy'n cynnig cyngor da gan bobl sy'n ei defnyddio, a gwasanaethau i bobl â phroblemau iechyd meddwl (https://www.mind.org.uk/cy/mind-cymru).

'Mae iechyd bob amser yn dibynnu ar y rhyngweithio rhwng bioleg, seicoleg a chymdeithas (Moseley a Butler 2017). 'Cyfuniad o'r ffactorau hyn sy'n achosi anhwylderau gorbryder gan gynnwys genynnau bregus, mae'n debyg. Mae'r rhain yn rhyngweithio â sefyllfaoedd straen, neu drawma i gynhyrchu syndromau arwyddocaol' (Bhatt 2017).

MAE STRAEN O BOB MATH, O BLE BYNNAG MAE'N DOD, YN GYSYLLTIEDIG Â LEFELAU UWCH O ORBRYDER.

MAE PWYSAU GARTREF,

...YN Y GWAITH,

...WRTH ASTUDIO

AC MEWN CYLCHOEDD CYMDEITHASOL YN GALLU SBARDUNO GORBRYDER.

GALL BLINDER A PHOENI AM ARIAN ACHOSI I NI WNEUD DIM OND BETH SYDD RAID.

MAE PROFIADAU NIWEIDIOL YN YSTOD PLENTYNDOD (ACEs: ADVERSE CHILDHOOD EXPERIENCES) YN UN O ACHOSION PWYSICAF GORBRYDER. MAE'R 'ASTUDIAETH ACE' YN ASESU EFFAITH TRAWMA YN YSTOD PLENTYNDOD.

MAE DY SGÔR ACE YN DOD O RESTR O DDEG DIGWYDDIAD, E.E. ESGEULUSTOD NEU GAM-DRIN PERSONOL, BYW GYDAG ALCOHOLIAETH NEU SALWCH MEDDWL YN Y TEULU, NEU RIANT WEDI DIFLANNU.

UCHA'N BYD YW DY SGÔR, MWYA'N BYD YW'R RISG O IECHYD MEDDWL A CHORFFOROL GWAEL.

Mae'r Astudiaeth ACE yn mesur deg math o drawma yn ystod plentyndod... Mae pob math gwahanol yn werth un pwynt. Felly mae unigolyn sydd wedi cael ei gam-drin 'n gorfforol, ag un rhiant alcoholig, a mam a gafodd ei churo, yn cael sgôr ACE o dri' o'r wefan wych www.acestoohigh.com).

'Mae gan un o bob wyth o bobl sgôr ACE o bedwar neu fwy... I'r unigolion hynny, mae'r risg gymharol o gael clefyd difrifol ar yr ysgyfaint ddwywaith a hanner yn uwch na rhywun â sgôr ACE o ddim... O ran iselder, mae'r risg bedair gwaith a hanner yn uwch' (Dr Burke Harris 2015).

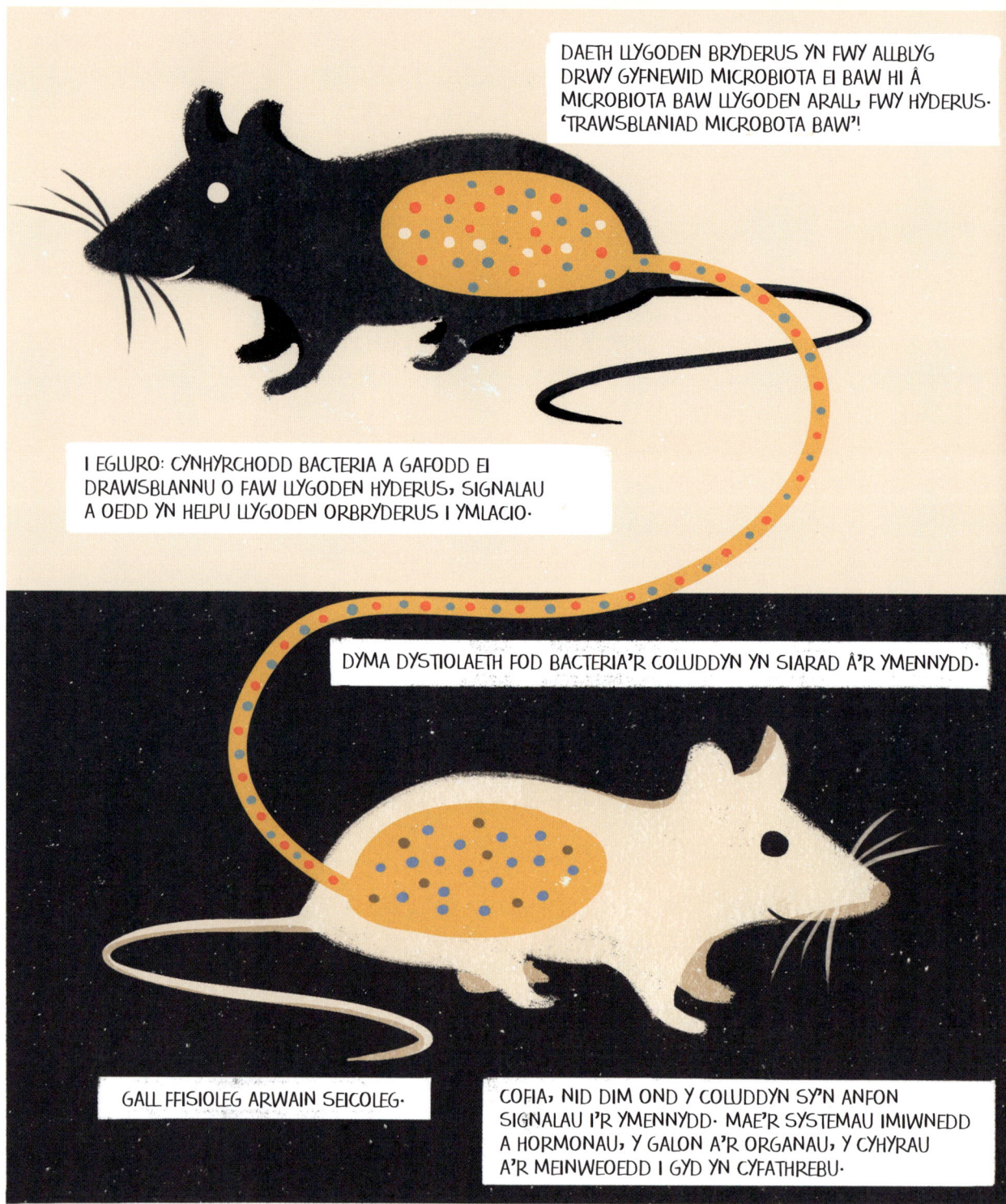

Mae tystiolaeth gynyddol mewn pobl a llygod bod 'microbiom y coluddyn yn dylanwadu ar yr ymennydd ac ar ymddygiad' (Collins et al 2013). Mae 'cyfathrebu rhwng y coluddyn a'r ymennydd' yn creu cyswllt 'rhwng anhwylderau gorbryder a... chlefyd llidiol ar y coluddyn' (Neufeld et al 2011; Temperton 2015).

'Mae rhai o broblemau meddygol ac iechyd cyhoeddus mwyaf dinistriol ein hoes — iselder, dibyniaeth ar sylweddau a phoen anodd ei drin — yn ymwneud â theimladau yn gwyro oddi wrth yr arferol' (Damasio et al 2013). Ond mae Craig (2015) yr dweud, 'Mae'n bosib hyfforddi eich ymwybyddiaeth o ysgogiadau o fewn y corff.'

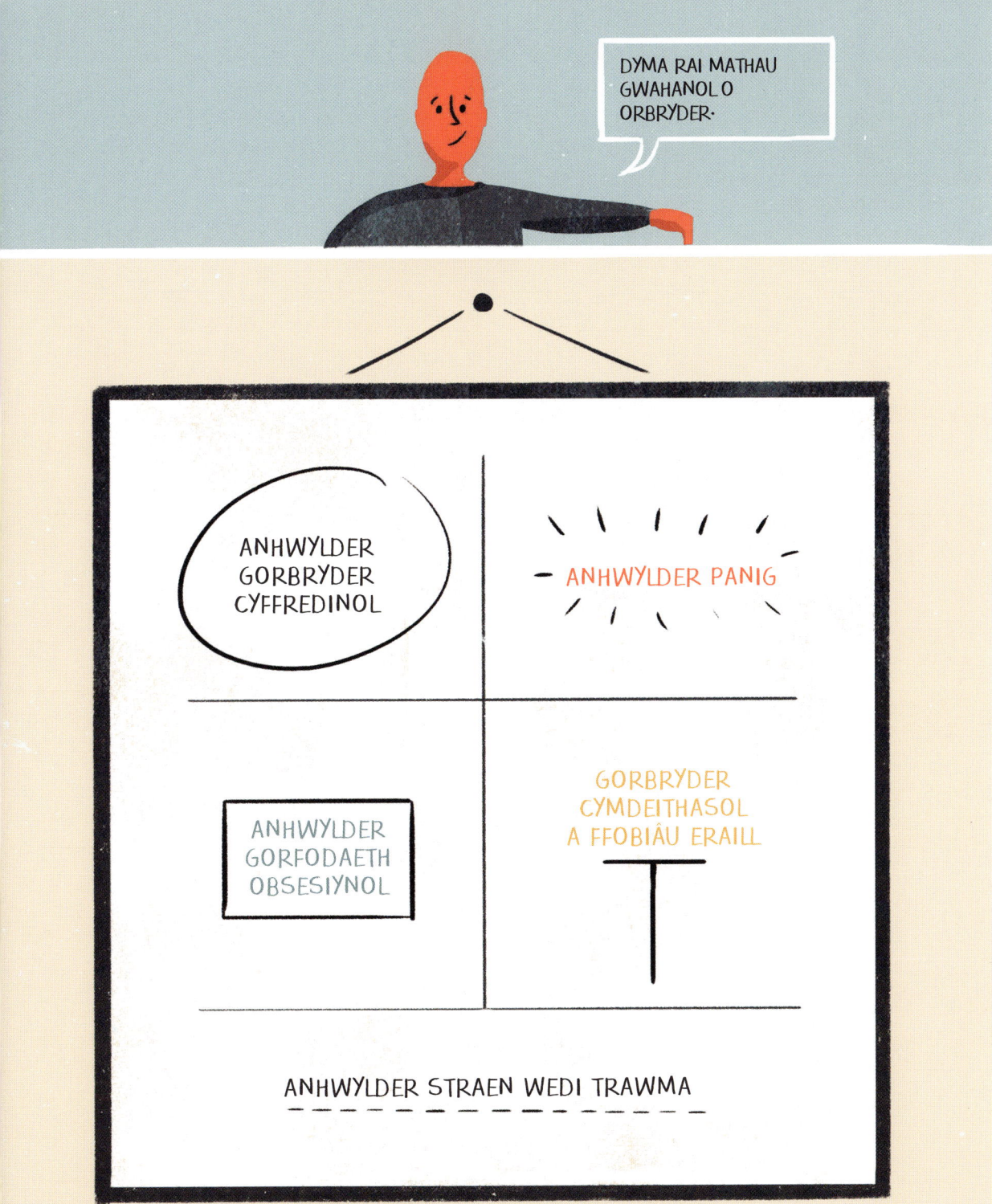

Mae anhwylder gorbryder cyffredinol (*GAD: generalised anxiety disorder*), gorbryder amhenodol am gyfnodau hir, yn dangos symptomau amrywiol. 'Gallai dy brofiad di o *GAD* fod yn wahanol iawn i broblemau rhywun arall.' 'Mae anhwylder panig yn gallu golygu ofn cyson y byddi di'n cael pwl arall o banig' (Mind 2017).

Nodweddion anhwylder gorfodaeth obsesiynol (*OCD*), yw 'meddyliau digroeso cyson' ac 'ysfa i wneud pethau ailadroddus.' 'Os oes gen ti ffobia, gall sefyllfaoedd neu bethau penodol iawn sbarduno gorbryder.' Mae anhwylder straen wedi trawma (*PTSD*) 'yn gallu gwneud i ti ail-fyw'r holl ofn a phryder a brofwyd' yn ystod cyfnod o drawma (Mind 2017).

DEWCH I NI EDRYCH AR RAI SYNIADAU A HERIAU MAWR.

CYNIGIODD YR ATHRONYDD KIERKEGAARD, MAI 'PENDRO RHYDDID YW GORBRYDER'.

GOBEITHION

OFNAU

RHAGOLYGON

DYDYN NI DDIM YN ANIFEILIAID ANWARAIDD, DIFEDDWL SY'N GWNEUD DIM OND YMATEB. MAE GENNYM NI ATGOFION, GOBEITHION, OFNAU A'R GALLU I RAGWELD.

TRWY HUNANYMWYBYDDIAETH, MAE GENNYM FWLCH RHWNG GWEITHRED AC YMATEB. YN Y BWLCH YMA RYDYN NI'N TEIMLO BOD GENNYM NI DDEWIS.

CAM GWEITHREDU YMATEB

YN AML, MAE'R BWLCH HWNNW YN DIFLANNU'N GYFLYM AC YN LLAWN OFN', A'R BWLCH AR ÔL DEWIS YN LLAWN AMHEUAETH: 'YDW I WEDI GWNEUD Y PETH IAWN?' 'SUT BYDDAN NHW'N FY MARNU?'

Wrth drafod Kierkegaard, nododd Bakewell (2017), 'orfod dewis yn gyson, mae gorbryder yn cau amdanoch chi, fel y teimlad o bendro wrth edrych dros ymyl clogwyn. Nid ofn disgyn sydd arnoch chi, ond ofn methu peidio â thaflu eich hun dros yr ochr.'

'Roedd *The Second Sex* yn ymwneud bron yn gyfan gwbl â rhyddid i ddewis, bioleg a ffactorau cymdeithasol a diwylliannol yn cyfarfod ac yn cymysgu i greu merch sy'n dod yn raddol geidwadol ei ffordd wrth i'w bywyd fynd yn ei flaen' (Bakewell 2017 am Simone de Beauvoir).

ROEDD RHYDDID YN BWYSIG I DDIRFODWYR (SY'N CREDU MAI NI SY'N GYFRIFOL AM BWRPAS AC YSTYR EIN BYWYD) FEL JEAN-PAUL SARTRE A SIMONE DE BEAUVOIR. FE WNAETHON NHW LUNIO RHAI SYNIADAU ANNISGWYL.

MAE 'GORBRYDER DIRFODOL YN DOD YN SGIL YSTYRIED EIN BOD NI'N RHYDD I WEITHREDU AC YN GYFRIFOL AM EIN GWEITHREDOEDD'.

MAE ARFERION, BIOLEG, CYMDEITHAS A DIWYLLIANT YN CREU TERFYNAU.

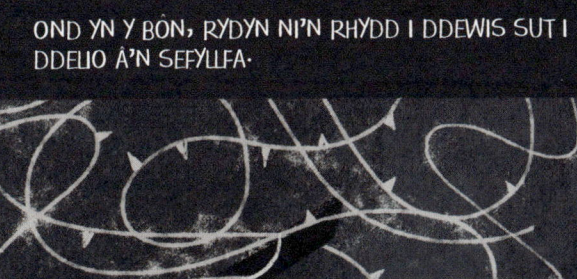

OND YN Y BÔN, RYDYN NI'N RHYDD I DDEWIS SUT I DDELIO Â'N SEFYLLFA.

I SARTRE, MAE SEFYLLFA ANNIODDEFOL WYNEBU CARCHAR, RHYFEL NEU FARW YN FUAN, DDIM OND YN 'CYNNIG CYD-DESTUN AR GYFER DEWIS FY NGWEITHRED NESAF. OS YDW I AR FIN MARW, GALLAF BENDERFYNU SUT I WYNEBU'R FARWOLAETH HONNO.'

MAE HYN YN DANGOS BOD GORBRYDER YN BROBLEM FAWR, DDRYSLYD SY'N RHAN O FOD YN DDYNOL. DWYT TI DDIM AR DY BEN DY HUN YN TEIMLO'N ORBRYDERUS.

'Mae dewisiadau, dylanwadau ac arferion yn gallu casglu dros oes i greu trefn mae'n anodd dianc oddi wrthi' (dyfyniad o waith Bakewell 2017). Mae gennym ryddid os yw strwythurau grym gormesol, economeg a safonau cymdeithasol yn ei ganiatáu.

'Er gwaethaf ei boen dirdynnol, does dim modd dad-fyw hanes, ond o'i wynebu gyda dewrder, does dim rhaid ei ail-fyw.' Y ddihafal Maya Angelou (1993) yn ein hatgoffa bod angen dewrder i oresgyn ein gorffennol.

MAE SIMONE DE BEAUVOIR YN ENWOG AM AMAU SICRWYDD BIOLEGOL RHYWEDD: 'RYDYCH YN DOD YN FENYW, NID CAEL EICH GENI'N FENYW.'

GORBRYDER

OS OES MODD SIAPIO A FFURFIO RHYWBETH SY'N YMDDANGOS MOR SEFYDLOG Â RHYWEDD, GALLWN FOD YN OBEITHIOL BOD MODD SIAPIO A FFURFIO'R FFISIOLEG SY'N SAIL I ORBRYDER HEFYD.

MAE ATHRONIAETH DIRFODWYR YN CYNNIG GOBAITH A HER.

YR HER: BOD YN GYFRIFOL AM Y BROSES ANODD O DYNNU'N DDARNAU Y STRWYTHURAU SY'N EIN RHWYMO NI.

Y GOBAITH: GORESGYN EIN CYFLYRAU DRWY WEITHIO'N FEDRUS GYDA'R GRYMOEDD SY'N EIN FFURFIO NI.

BYDDWN YN DYSGU BOD NIWROWYDDONIAETH, Y MODEL EMOSIYNAU YN BENODOL, YN EIN HELPU NI I GOFLEIDIO 'RHYDDID HANFODOL' I FOD YN FWY NA'N BIOLEG. RYDYN NI'N GALLU BOD YN FWY NA'N GORBRYDER.

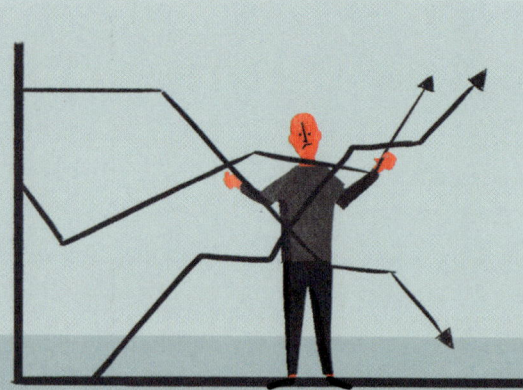

Mae'n sicr mai ein bioleg, cymysgedd o gemeg, adweithiau ac ymddygiadau, yw gwraidd emosiwn. Ond nid dyna sy'n penderfynu pwy ydyn ni. Mae newidiadau ffisiolegol yn ffactorau pwerus i'w hystyried wrth i'n hymwybyddiaeth ddod i'r amlwg. Mae 'hacio' ein bioleg yn cynnig mwy o adnoddau i ni lunio ein profiad.

Mae 'rhyddid hanfodol' yn ymadrodd gan Sartre sy'n cynnig gobaith dwys i unigolion. Roedd gwleidyddiaeth a 'mecanweithiau cynnil gormes' hefyd yn bwysig iawn i'r dirfodwyr; rhyddid yw'r 'pwnc sydd wrth wraidd bob pwnc arall', ac mae'n beth personol a gwleidyddol (Bakewell 2017).

I GRYNHOI, ACHOSION GORBRYDER: BACTERIA'R COLUDDYN - PROFIADAU NIWEIDIOL YN YSTOD PLENTYNDOD - POEN DIRFODOL.

MAE'N GYMHLETH!

YN RHYFEDDOL, GELFYDD O GYMHLETH. FELLY RYDYN NI'N GALLU TYNNU SAWL LIFER I NEWID EIN PROFIAD O ORBRYDER.

Y MODEL HANFODOL YMA YW BOD GORBRYDER BOB TRO YN YMWNEUD Â MYND YN GAETH YN YMATEBION AMDDIFFYNNOL 'YMLADD NEU FFOI' NEU 'REWI'. MAE DIGWYDDIADAU YN Y CORFF, YN Y MEDDWL NEU O'R AMGYLCHEDD YN GALLU SBARDUNO TEIMLAD O FYGYTHIAD.

Robert Saplosky (2017): 'Dydych chi ddim yn mynd i unlle os ydych chi'n meddwl bod rhan o'r ymennydd neu hormon neu enyn neu brofiad plentyndod neu fecanwaith esblygol yn mynd i esbonio popeth. Yn hytrach, mae nifer mawr o elfennau ar sawl lefel yn achosi pob un ymddygiad.'

'Mae rhannau'r ymennydd a'r systemau niwral sy'n cyfrannu at ofn a phryder yn gorgyffwrdd yn fawr' (Tovote et al 2015). Mae Kozlowska et al (2015) yn disgrifio'r 'rhaeadr amddiffyn' – y cysylltiad rhwng gorbryder a chyffroi (ymladd neu ffoi) a llonyddu (rhewi/datgysylltu); dylanwad dysgu blaenorol ar dy ymateb i ymladd, ffoi neu rewi.

'Dylai bod dynol perffaith bob amser gynnal meddwl tawel a heddychlon, a pheidio byth â gadael i angerdd neu chwant tros dro darfu ar ei heddwch' (Mary Shelley 1818). Gallai ei nofel gothig Fictoraidd glasurol, *Frankenstein*, gael ei hystyried yn archwiliad cymhleth o ganlyniadau rhesymu ansefydlog a gormod o emosiwn.

'Dadl Darwin oedd bod...mynegiant emosiynol yn gyffredin ar draws diwylliannau, a'i wreiddiau mewn ymddygiad pwrpasol a thebyg llawer o rywogaethau mamaliaid.' Roedd damcaniaeth sylfaenol Darwin yn help i 'ysgogi astudio profiad emosiynol yn wyddonol gadarn', ac mae 'wedi ei chaboli, ei mireinio, ei hastudio a'i thrafod byth ers hynny' (Zolli 2015).

MAE 'TEIMLAD' YN AIR HYFRYD. MAE'N DISGRIFIO SYNWYRIADAU CORFFOROL, FEL PETAI RHYWBETH YN CAEL EI GYFFWRDD: 'DWI'N TEIMLO'N GYNNES.'

MAE HEFYD YN CYFLEU CYFLWR NEU ADWAITH EMOSIYNOL: 'DWI'N TEIMLO'N HAPUS.'

MEWN IAITH BOB DYDD, DOES DIM GWAHANIAETH YN AML IAWN RHWNG EMOSIWN A THEIMLAD.

MAE'R TROSIADAU AM EMOSIYNAU YN PROFI MAI MYTH YW CREDU BOD Y MEDDWL A'R CORFF AR WAHÂN. PWY SYDD HEB DDIODDEF TOR CALON ERIOED, HYD YN OED FYMRYN BACH?

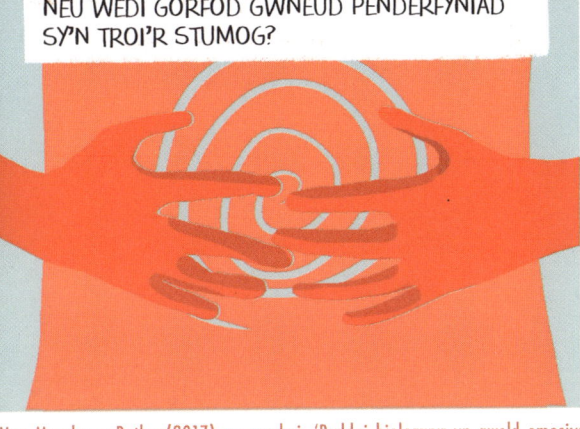

NEU WEDI GORFOD GWNEUD PENDERFYNIAD SY'N TROI'R STUMOG?

'YN Y BÔN, EMOSIWN YW FFORDD YR YMENNYDD O WNEUD SYNNWYR O'R NEWIDIADAU SYNHWYRAIDD SY'N DIGWYDD YN EICH CORFF MEWN PERTHYNAS Â'R HYN SY'N DIGWYDD YN Y BYD O'CH CWMPAS.'
LISA FELDMAN BARRETT

Mae Moseley a Butler (2017) yn crynhoi: 'Byddai biolegwyr yn gweld emosiynau fel ymatebion ffisiolegol i ysgogiadau... Byddai'r profiad ymwybodol hwnnw sy'n ein cymell i ddianc yn cael ei alw'n deimlad.' Maen nhw'n parhau gan ddweud bod 'gwahaniaethu rhwng teimladau ac ymatebion ffisiolegol yn werthfawr'.

Mae gwyddonwyr yn defnyddio cymysgedd dryslyd o dermau. O ran nodweddion y corff: ffisioleg, ymddygiad, adweithiau, nwyd (Barrett 2017), ysfeydd, emosiynau (Damasio et al 2013). Ar gyfer ymwybyddiaeth o nodweddion y corff: emosiynau (Barrett 2017), teimladau (Damasio et al 2013), emosiynau cytbwys (Craig 2015).

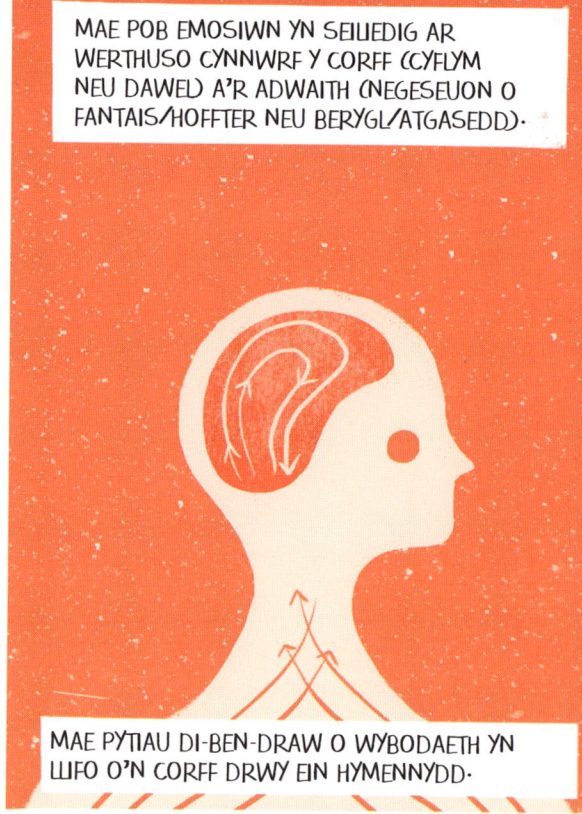

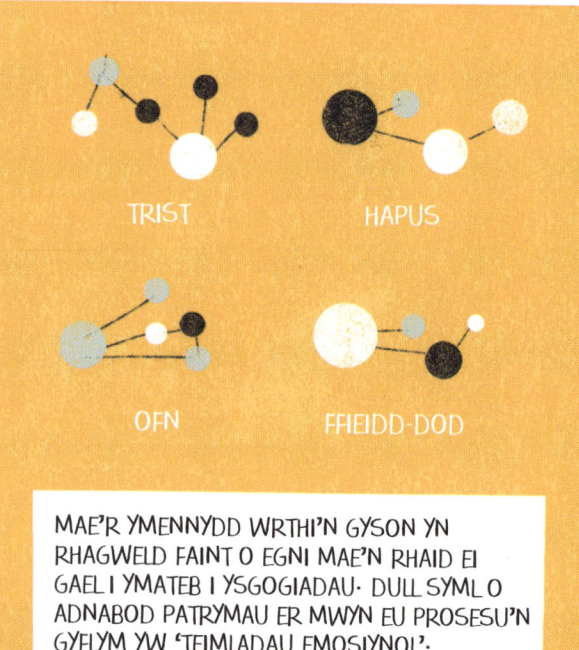

'Mae bioleg wedi'i threfnu i ddefnyddio egni yn effeithlon.' 'Mae'n hanfodol cydnabod bod homeostasis (cydbwysedd) yn gyrru ymddygiad.' 'Mae ein holl hymddygiad yn emosiynol.' (Craig 2015). Gallwn deimlo synwyriadau o'n tu mewn i'n cyrff ni, sydd yn dangos cyflwr y corff cyfan.

'Mae'r ymennydd yn defnyddio teimlad fel cysyniad i gynrychioli cost a manteision cyffredinol ymddygiad emosiynol gwirioneddol neu bosibl. Dyma sut mae'n prisio cydbwysedd' (Craig 2015). 'Mae cyflyrau emosiynol yn arwyddion awtomatig o berygl a mantais' (Damasio a Le Doux 2013).

A YW EMOSIYNAU YN RHAN GYNHENID O'R CORFF A'R YMENNYDD, AC UWCHLAW DIWYLLIANT A RHYWOGAETH? NEU, A YW EMOSIYNAU YN CAEL EU DYSGU AC YN DDIBYNNOL AR GYD-DESTUN? MAE'R DDADL BARHAUS HON YN FERSIWN O 'NATUR' NEU 'FAGWRAETH'.

NATUR

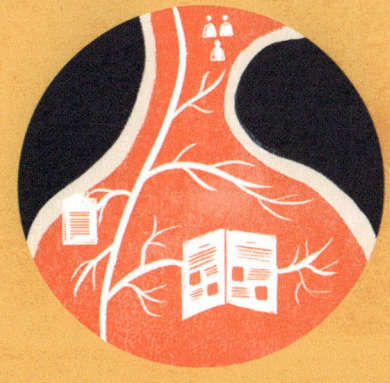

MAGWRAETH

AWGRYMODD GWAITH DYLANWADOL IAWN GAN PAUL ECKMAN FOD EMOSIYNAU POB BOD DYNOL YR UN FATH, YN Y BÔN.

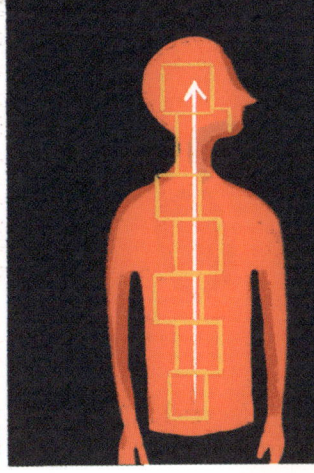

YN Y MODEL 'NATUR', MAE EIN HWYNEBAU, EIN CYRFF A'N HYMENNYDD YN DILYN PATRYMAU MAE ESBLYGIAD WEDI EU MIREINIO.

Y DREFN YW CORFF-EMOSIWN-GWYBYDDIAETH.

MAE CYLCHEDAU CYNHENID YN YR YMENNYDD YN CYSTADLU I GREU EMOSIYNAU GWAHANOL FEL OFN, FFIEIDD-DOD, DICTER, LLAWENYDD A THRISTWCH.

YR HER I'R MODEL CYNHENID YW EIN HAMRYWIAETH RYFEDDOL O FFYRDD I FYNEGI EMOSIYNAU.

GALLWN GAU EIN DYRNAU MEWN HAPUSRWYDD WRTH I'N TÎM NI ENNILL, A THODDI MEWN HAPUSRWYDD WRTH I GARIAD EIN COFLEIDIO. GALLWN GRIO O HAPUSRWYDD, HYD YN OED. GWIBDAITH GYFLYM I DDANGOS NAD YW GORBRYDER YN DDRWG I GYD.

Dangosodd Ekman luniau o wynebau actorion i bobl frodorol Papua Guinea Newydd. Honnodd eu bod nhw'n gallu enwi'r emosiynau gwahanol, cyffredinol a luniwyd gan esblygiad. Mae'r 'System Codio Mynegiant Wyneb' yn dadansoddi cyhyrau'r wyneb i greu'r 'mesur gwrthrychol cyntaf o emosiwn penodol' (Keltner 2009).

Mae'r mynegiant amrywiol 'yn awgrymu bod emosiynau yn gymaint o arwyddion o ddiwylliant ag o fioleg' (Zólli 2015). Mae Barrett (2017) yn beirniadu Ekman; roedd ymdrechion i wneud ymchwil tebyg yn Namibia heb weithio, mae hi'n ddamniol ynghylch defnyddio wynebau actorion a pharatoi'r rhai a gymerodd ran yr astudiaethau gwreiddiol.

'DOES GAN SEICOPATH DDIM GORBRYDER, FELLY MAE GORBRYDER YN BETH DA.' JON RONSON

MAE GORBRYDER YN BETH NORMAL I FODAU DYNOL: HEBDDO, GALLWN FOD YN OERAIDD AC YN GYFRWYS. MAE DYFYNIAD JON RONSON YN AWGRYMU BOD DIFFYG GORBRYDER YN UN O NODWEDDION SEICOPATH!

GALL GORBRYDER FOD YN BETH DA, I'N HELPU NI I BARATOI A PHEIDIO Â BOD YN ORHYDERUS.

DANGOSODD YMCHWIL DYLANWADOL O 1908 FOD YCHYDIG O ORBRYDER A CHYNNWRF YN HELPU EIN PERFFORMIAD. BETH AM AILFFRAMIO 'DWI'N ORBRYDERUS' I 'DWI'N TEIMLO'N DDIOGEL WRTH BARATOI I FYND ATI'? DDIM MOR FACHOG EFALLAI, OND YN FWY DEFNYDDIOL O LAWER.

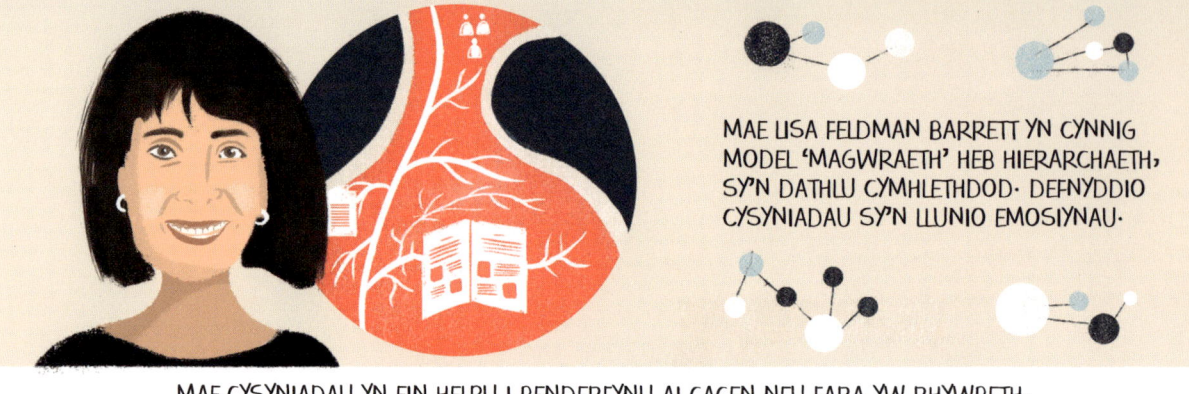

MAE LISA FELDMAN BARRETT YN CYNNIG MODEL 'MAGWRAETH' HEB HIERARCHAETH, SY'N DATHLU CYMHLETHDOD. DEFNYDDIO CYSYNIADAU SY'N LLUNIO EMOSIYNAU.

MAE CYSYNIADAU YN EIN HELPU I BENDERFYNU AI CACEN NEU FARA YW RHYWBETH.

CYNHWYSION TRADDODIADOL CACEN YW SIWGR, BLAWD, WYAU A MENYN.

MAE AMRYWIAETH ENFAWR O GACENNAU, O GATEAU'R GOEDWIG DDU I GACEN FORON.

CYNHWYSION CACEN POLENTA YW INDIA-CORN, SUROP MASARN AC OLEW CNAU COCO – DIM UN O'R RHAI TRADDODIADOL, OND MAE PAWB YN GYTÛN EI BOD YN GWEDDU I'R CYSYNIAD O GACEN.

CYNHWYSION BRIOCHE YW SIWGR, BLAWD, WYAU A MENYN. BLASUS IAWN. OND RYDYN NI'N CYTUNO EI FOD YN FATH O FARA.

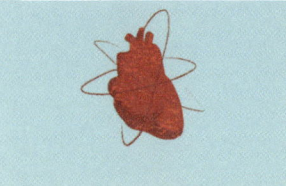

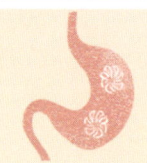

MAE CALON YN CURO'N GYFLYM, CYHYRAU TYN, TON O ADRENALIN A STUMOG YN TROI YN GYNHWYSION AMLBWRPAS NIFER O EMOSIYNAU.

OFN   CYNNWRF

MAE OFN A CHYFFRO YN DEFNYDDIO CYNHWYSION TEBYG, FEL BARA A CHACENNAU, OND MAE'R PROFIAD YN WAHANOL IAWN YN ÔL Y CYSYNIAD SYDD AR WAITH.

Ar gyfer tasgau syml, mae cynyddu cynnwrf yn parhau i'n helpu i ganolbwyntio mwy. Ond wedyn, mae cynnwrf heb rwystr yn 'amharu ar berfformiad mewn sefyllfaoedd dysgu mwy cymhleth neu heriol' (Diamond et al 2007, wrth roi sylwadau ar graff dylanwadol Yerkes-Dobson o 1908).

'Mae emosiynau wedi'u creu o rannau sylfaenol ac yn amrywio o'r naill ddiwylliant i'r llall. Dydyn nhw ddim yn cael eu sbarduno; chi sy'n eu creu nhw. Maen nhw'n dod i'r amlwg fel cyfuniad o nodweddion corfforol, ymennydd hyblyg sy'n addasu yn ôl p[a] amgylchedd bynnag (diwylliant a magwraeth) y mae'n datblygu ynddo' (Barrett 2017)

OEDDECH CHI'N GWYBOD EICH BOD HEB BROFI RHAI EMOSIYNAU ETO? RHAID YMARFER, DEALL A BOD YN RHAN O GYMUNED I AMGYFFRED EMOSIWN YN LLAWN. MAE DIWYLLIANT YN TROI CORS DDRYSLYD O DEIMLADAU YN FFURF GYFARWYDD.

CYFFRO

ALMAENEG
SCHADENFREUDE

DOES DIM GAIR YN Y GYMRAEG SY'N CYFATEB I'R GAIR SCHADENFREUDE. MAE 'LLAWENYDD YN SGIL ANESMWYTHYD RHYWUN ARALL' YN DIPYN O LOND CEG.

DANEG
HYGGE

YSTYR HYGGE YW BOD YN DDIDDOS, YN DAWEL DY FEDDWL AC YN GYSURUS. GAIR HOLLOL DDEALLADWY I DDANIAID, OND RHAID I ERAILL BENDRONI DROSTO.

HEBRAEG
FIRGUN

LLAWENHAU YN LLWYDDIANT RHYWUN ARALL YW YSTYR FIRGUN.

PILIPINEG
LIGET

ROEDD YN ANODD I'R ANTHROPOLEGYDD RENATO ROSALDO AMGYFFRED YR EMOSIWN, LIGET, PAN OEDD YN BYW GYDA LLWYTH YNYSIG YN Y PILIPINAS YN YR 1960AU. ROEDD LIGET YN DISGRIFIO 'LLAMU EGNÏOL AR HYD LLWYBR', 'CYDALARU' A THRAIS 'GWYLLT' AC AFREOLUS.

FLYNYDDOEDD YN DDIWEDDARACH, NEWIDIODD YR YSTYR I ROSALDO, O DDEALLTWRIAETH OERAIDD I BROFIAD BYW. YNG NGHANOL DWYSTER EI ALARU AM EI WRAIG, PROFODD LIGET FEL YMDEIMLAD TANBAID O FOD YN FYW.

Mae eich ymennydd yn creu emosiwn fel bo'r angen, yn y fan a'r lle, â chynhwysion amlbwrpas. Felly mae rhwydweithiau'r ymennydd sy'n creu emosiwn hefyd yn creu meddyliau, atgofion a chanfyddiadau' (Barrett 2017). Mae'r dyfyniadau ynghylch liget yn dod o gyfweliad â Renato Rosaldo ar orsaf radio (Spiegel 2017).

'Rhaid i ganfyddiad…fod yn broses o ddyfalu gwybodus, pan mae'r ymennydd yn cyfuno signalau synhwyraidd â'i ddisgwyliadau neu ei gredoau blaenorol am sut le yw'r byd, er mwyn dyfalu beth sydd wrth wraidd y signalau hynny.' 'Dydyn ni ddim yn gweld y byd yn oddefol, rydyn ni'n ei greu mewn ffordd weithredol' (Seth 2017).

MAE'R MODEL EMOSIYNAU YN DWEUD NAD YW EMOSIYNAU YN GYNHENID.

DYDYN NHW DDIM YN RHAN O HIERARCHAETH ANSEFYDLOG RHWNG Y CORFF A GWYBYDDIAETH.

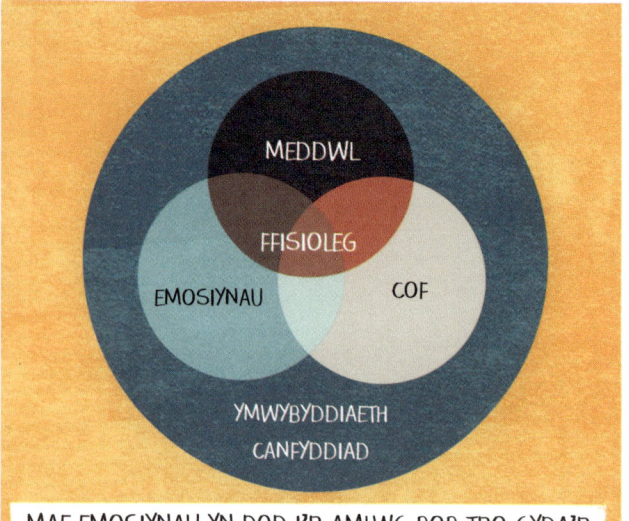

MAE EMOSIYNAU YN DOD I'R AMLWG BOB TRO GYDA'R COF A'R MEDDWL. MAE TEIMLADAU YN RHAN O GANFYDDIAD AC YN ELFEN HANFODOL O YMWYBYDDIAETH.

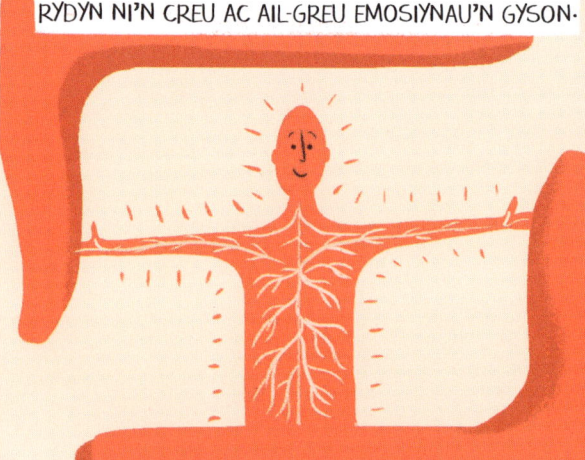

RYDYN NI'N CREU AC AIL-GREU EMOSIYNAU'N GYSON.

DOES DIM RHAID I NI DDIODDEF 'CYLCHEDAU EMOSIWN' DIFFYGIOL. DYDYN NHW DDIM YN BOD. GALLWN AILFFRAMIO EIN PROFIAD.

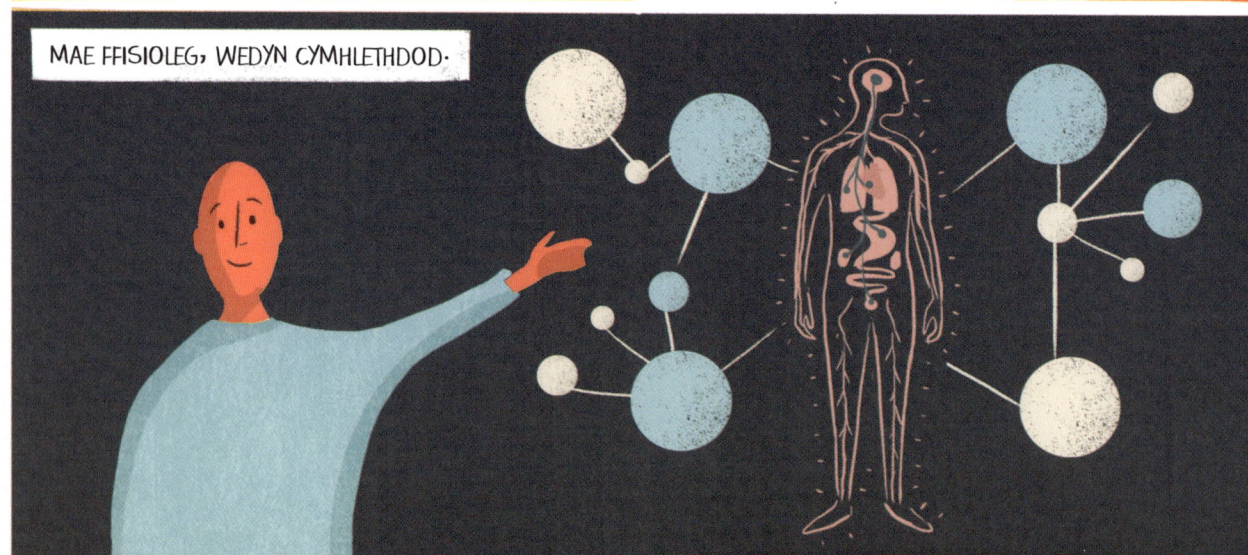

MAE FFISIOLEG, WEDYN CYMHLETHDOD.

'I reoli poen trawma cynnar, mae rhai yn datgysylltu oddi wrth eu cyrff ac yn byw yn eu meddyliau. Iddyn nhw, mae mwy o werth i feddwl a rhesymeg na theimladau ac emosiynau. Mae eraill, sydd erioed wedi cysylltu â'u cyrff, yn rheoli'r datgysylltu drwy wneud eu profiad yn un ysbrydol... Mae'r unigolion hyn yn tueddu i fyw yn y maes egnïol, mewn mannau mwy arallfydol.' Pan ofynnir i bobl sydd heb gysylltu â'u cyrff 'beth maen nhw'n e deimlo yn eu corff, mae'r cwestiwn yn un heriol iddyn nhw, yn sbarduno gorbryder ac yn aml yn amhosibl ei ateb' (Heller a LaPierre 2012).

DYMA DDULL SYML O FAES DIBYNIAETH.

PAID Â GWNEUD PENDERFYNIAD OS WYT TI'N LLWGLYD, YN DDIG, YN UNIG NEU'N FLINEDIG.

H.A.L.T.

LLWGLYD (HUNGRY)   DIG (ANGRY)   UNIG (LONELY)   BLINEDIG (TIRED)

BETH BYNNAG YW'R GRYMOEDD CYMHLETH Y TU MEWN I NI, RHAID BODLONI EIN HANGHENION DYNOL SYLFAENOL:

GWNA'R PETHAU SYML YN DDA

BWYTA   YMLACIO

CYMDEITHASU   A GORFFWYS

BYDD HYN YN DY WNEUD DI'N LLAI SENSITIF I BETHAU SY'N DY WNEUD DI'N ORBRYDERUS.

'Mae "gwneud y peth iawn" bob amser yn ddibynnu ar gyd-destun.' 'Mae ysgogiadau amherthnasol, gwybodaeth yn yr isymwybod a grymoedd mewnol dydyn ni'n gwybod dim amdanyn nhw yn ein siapio' (Sapolsky 2017). O ran HALT mewn dibyniaeth, gweler Powers (2016).

Dangosodd astudiaeth 'syfrdanol' fod y bobl fwyaf rhesymol posib, barnwyr, yn fwy crintachlyd os ydyn nhw'n llwglyd neu'n flinedig. Yn 2011, adolygodd ymchwilwyr 1,100 dyfarniad barnwrol. Daeth i'r amlwg fod barnwyr yn llawer mwy tebygol o roi parôl i garcharorion yn syth ar ôl i'r barnwyr fwyta neu ar ddechrau'r diwrnod (Sapolsky 2017).

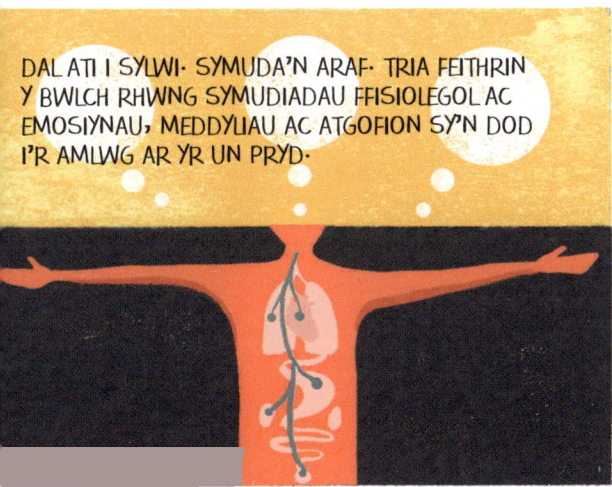

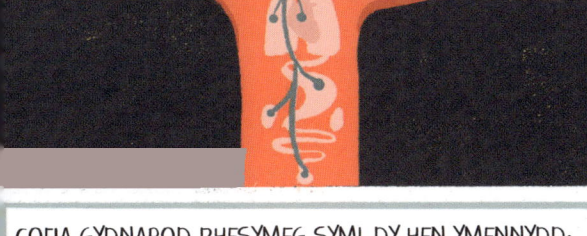

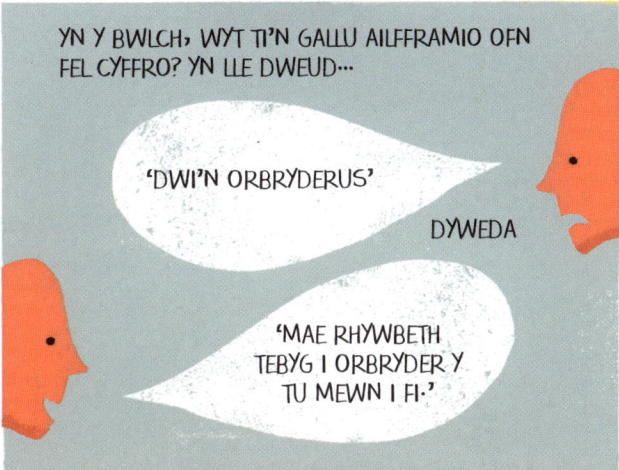

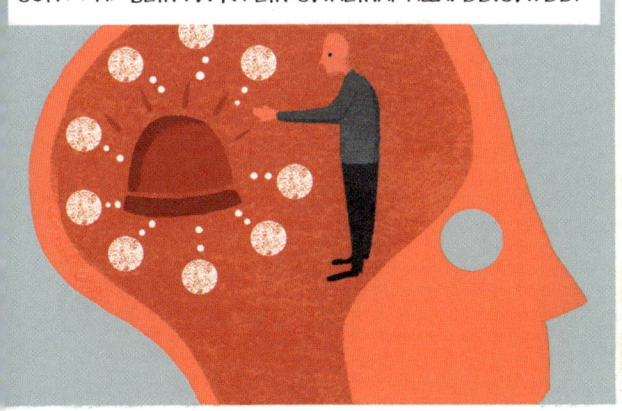

'Dydy teimlo rhywbeth ddim yn golygu ei fod yn real.' 'Newidiwch y stori ac mae eich teimladau'n newid' (Barker 2017). Pan fyddi di'n methu symud, 'y peth mwyaf nerthol i'w wneud yw symud tuag at yr ofn, cysylltu â'r methu symud ei hun a meddwl am y gwahanol synwyriadau mewn ffordd ymwybodol' (Levine 2010).

'Wrth reoli'r corff yn fwy ffisiolegol', mae hyn yn 'hybu cyfleoedd i deimlo'n ddiogel a'ch helpu i ymddiried mewn pobl.' 'Gall ein meddyliau fod yn fwy beiddgar, yn fwy eang a chreadigol ac efallai'n ysbrydol. Dydy'r nodweddion hyn sy'n dod i'r amlwg ddim yn mynd i gael eu mynegi os ydyn ni'n cael ein bygwth yn gyson' (Porges 2016).

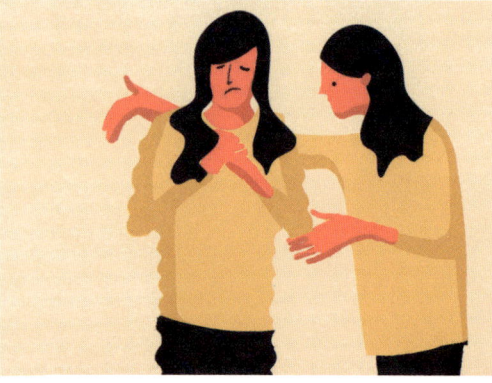

Mae ymchwil yn dangos bod dweud 'ti' wrth siarad â ti dy hun yn well na dweud 'fi' – od ond gwir. 'Dangosodd yr ymchwil diweddaraf fod siarad â chi'ch hun yn yr ail berson yn hytrach nag yn y person cyntaf yn atgyfnerthu mwy ar ymddygiad a bwriadau ymddygiad' (Dolcos ac Albarracin 2014).

Anne Hathaway, wrth ffilmio *Les Misérables*: 'Fe gaeais i fy llygaid, a dwi'n cofio meddwl, "Hathaway, os nad wyt ti'n gwneud hyn nawr, does gen ti ddim hawl galw dy hun yn actor. ...gwna dy waith." Agorais fy llygaid, a dywedais yn syth bin (clicio'i bysedd): "Amdani." Ac mi wnes i.' (Dolcos ac Albarracin 2014).

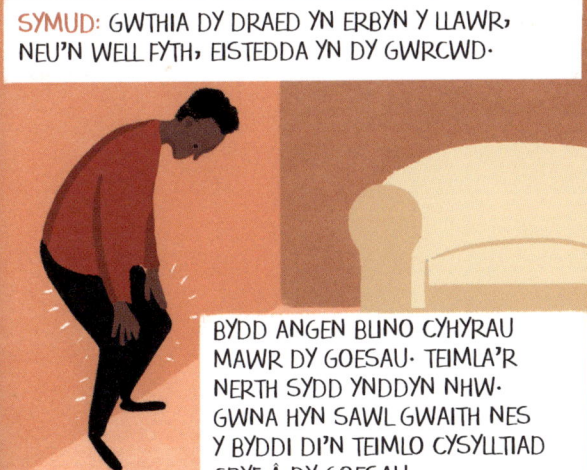

Mae llif y wybodaeth sydd y tu mewn i ni yn newid wrth i ni ymateb i'r byd. Os yw'r ymennydd yn amau bod darnau o gof yn beryglus, maen nhw'n gallu sbarduno gorbryder. Mae'r perygl yn teimlo'n real, ond dydy o ddim yn digwydd yr eiliad hon. Iechyd yw'r gallu i reoli synwyriadau dwys yn y foment heb i ti gael dy lethu.

'Bydd eich anadl i mewn yn ymestyn yn naturiol pan fydd eich anadl allan yn hirach' (Boyes 2016 a Herrero et al 2017). Mae Levine (2010) yn argymell y sain 'Fww'; mae Techneg Alexander (Soar 1999) yn defnyddio sain 'Aaa' wedi'i sibrwd.

'Dydy pobl sydd wedi dioddef trawma byth yn teimlo'n ddiogel yn eu cyrff: mae'r gorffennol yn fyw yn y teimladau anghyfforddus sy'n eu cnoi. Mae arwyddion o rybudd dwys yn pledu eu cyrff yn gyson, ac i drio'u rheoli, maen nhw'n aml yn dod i arbenigo ar anwybyddu eu teimladau greddfol a mygu eu hymwybyddiaeth' (van der Kolk 2015).

Dull sy'n mynd yn groes i'n greddf yw 'bwriad paradocsaidd' Viktor Frankl (1946). 'Mae'r claf ffobig yn cael gwahoddiad i wynebu'r union beth mae'n ei ofni, petai hynny ddim ond am ennyd.' Mae hyn 'yn tynnu'r gwynt o hwyliau gorbryder.' Gweler hefyd Wolitzky a Telch (2009) ar 'weithredoedd gwrthwynebol' wrth wynebu ffobia.

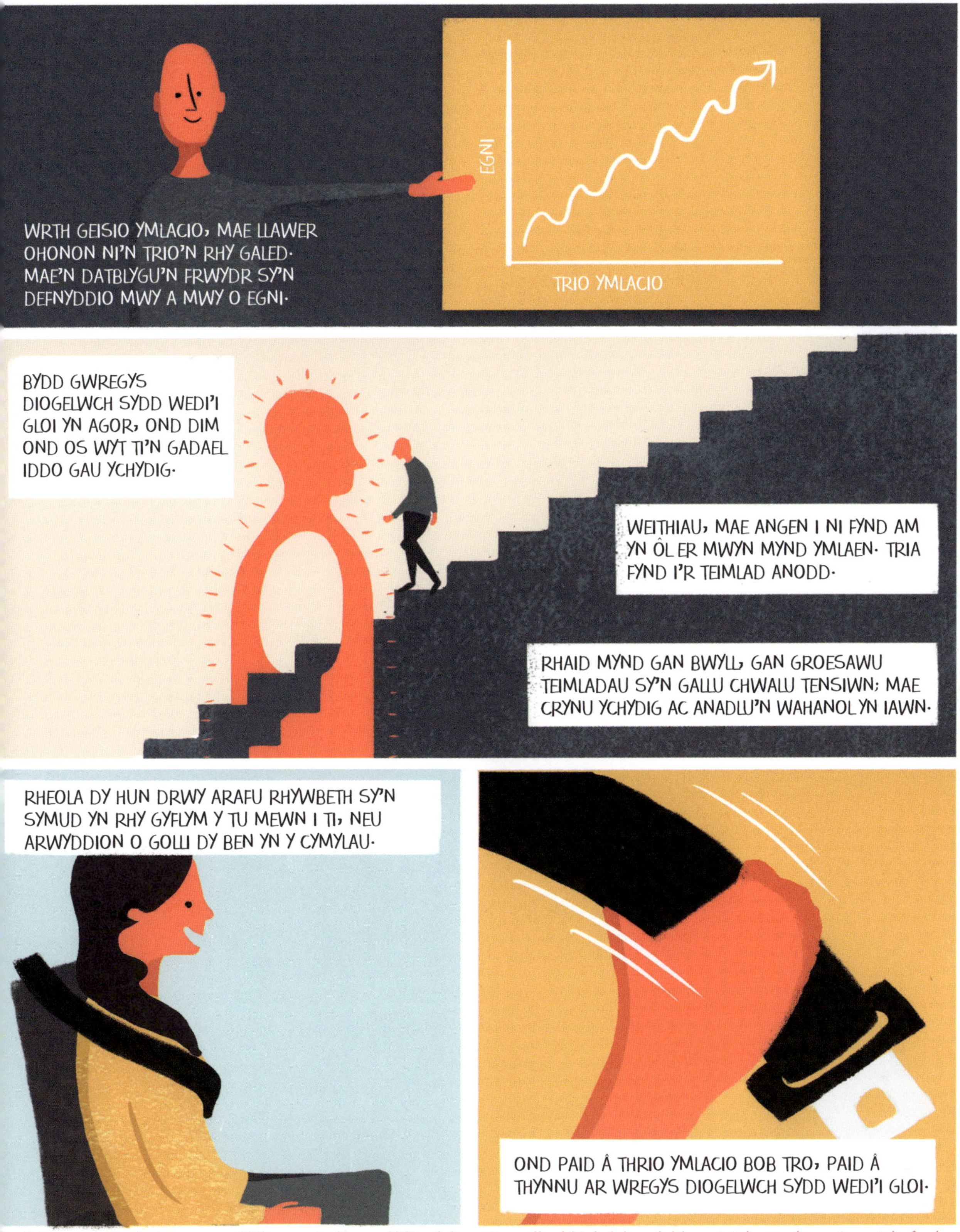

WRTH GEISIO YMLACIO, MAE LLAWER OHONON NI'N TRIO'N RHY GALED. MAE'N DATBLYGU'N FRWYDR SY'N DEFNYDDIO MWY A MWY O EGNI.

EGNI

TRIO YMLACIO

BYDD GWREGYS DIOGELWCH SYDD WEDI'I GLOI YN AGOR, OND DIM OND OS WYT TI'N GADAEL IDDO GAU YCHYDIG.

WEITHIAU, MAE ANGEN I NI FYND AM YN ÔL ER MWYN MYND YMLAEN. TRIA FYND I'R TEIMLAD ANODD.

RHAID MYND GAN BWYLL, GAN GROESAWU TEIMLADAU SY'N GALLU CHWALU TENSIWN; MAE CRYNU YCHYDIG AC ANADLU'N WAHANOL YN IAWN.

RHEOLA DY HUN DRWY ARAFU RHYWBETH SY'N SYMUD YN RHY GYFLYM Y TU MEWN I TI, NEU ARWYDDION O GOLLI DY BEN YN Y CYMYLAU.

OND PAID Â THRIO YMLACIO BOB TRO, PAID Â THYNNU AR WREGYS DIOGELWCH SYDD WEDI'I GLOI.

Pan fyddwn ni'n gallu rheoli'r system amddiffyn, mae 'amlygu graddol' yn helpu. Mae poen a phryder yn mynd law yn llaw (Granot a Ferber 2005). Mae magu'r gallu i wrthsefyll gorbryder yn debyg i ymarfer corff ar gyfer cryfder. Rydyn ni'n defnyddio amlygu graddol i reoli trychinebu a phoen (Moseley a Butler 2017).

'Mae cyrff gofal iechyd rhyngwladol yn ystyried mai amlygu yw'r ymyriad safonol ar gyfer anhwylderau gorbryder.' 'Nod therapi amlygu yw helpu cleifion i gynhyrchu a chryfhau cysylltiadau a fydd yn atal cysylltiadau hŷn sy'n sbarduno ofn' (Blakey ac Abramowitz 2016).

I'R RHAN FWYAF O BOBL, MAE TEIMLO YN RHYWBETH HAWDD A NATURIOL. DYDY HYNNY DDIM YN WIR. MAE SYMUD TUAG AT DEIMLADAU ANODD AC YNA CILIO YN GAMP ARUTHROL.

TEIMLA YCHYDIG O DENSIWN MEWN PYLIAU BYR. BETH AM YMARFER MEWN SEFYLLFA LLE RWYT TI'N TEIMLO'N DDIOGEL – GYDA FFRIND, EFALLAI?

OS OES ANGEN, GALL THERAPYDD SY'N CANOLBWYNTIO AR Y CORFF DY HELPU I DEIMLO YCHYDIG BACH, OND DDIM GORMOD.

1 2 3

WRTH DDECHRAU ARNI, TREULIA 30 EILIAD I 2 FUNUD AR Y MWYAF YN TEIMLO'R PETH ANODD. GWNA HYN YN ARAF IAWN. MEWN UN SESIWN, GWNA HYN AM 3 CHYFNOD BYR, A DIM MWY, YNA GORFFWYSA. TRIA ETO RYWBRYD.

GALL WYNEBU TEIMLADAU ANODD FOD YN FFURF AR AMLYGU GRADDOL.

HERIO AC ADFER, HERIO AC ADFER. MAE ANGEN CYMRYD Y CAMAU GORFFWYS O DDIFRIF.

EFALLAI Y BYDDI DI'N TEIMLO'N WAETH; GWNA LAI Y TRO NESAF...

...OND RHAID DAL ATI ER MWYN DATBLYGU GWYDNWCH.

MEDDYLIA AM DDYSGU PEIDIO Â MYND I BANIG FEL DYSGU MYND AR DAITH GERDDED HIR. BYDD ANGEN I TI GYSGU A BWYTA'N DDA AC YMARFER. DEFNYDDIA GANLLAW YN ÔL Y GALW. TRIA LWYBRAU GWAHANOL: RWYT TI'N DECHRAU'N ARAF YN Y 'SBA ADFER' CYN OEDI AR 'LETHRAU DECHRAU TEIMLO RHYWBETH'. GOFALA DY FOD DI'N OSGOI DYFROEDD RHEWLLYD 'LLYN DATGYSYLLTU'.

YN DY FLAEN WEDYN I ODRE BRYNIAU 'BRAIDD YN GYFLYM A BRAWYCHUS'. MEWN DIM, BYDDI DI'N GALLU DELIO Â 'MYNYDD EITHA GORBRYDERUS', GAN YMWELD Â 'DYFFRYN Y DYCHRYN DIENW', OND DOES DIM RHAID DAL ATI A BYDDI DI'N CONCRO 'PEGWN PANIG' HEB OFN. TEIMLADAU YDYN NHW I GYD, WEDI'U CREU Y TU MEWN I TI.

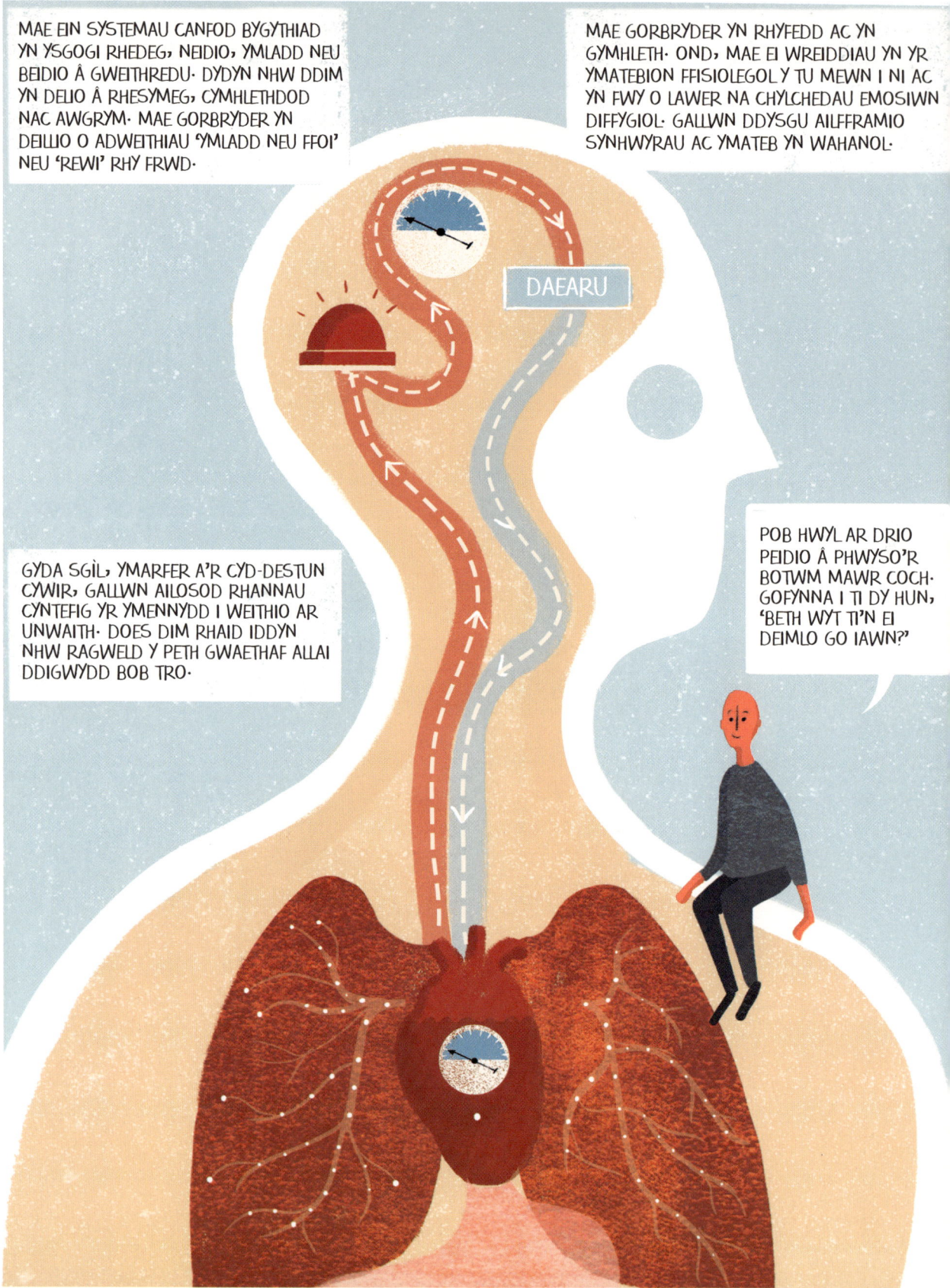